科学超入门

热

探索隐藏在热里的科学奥秘

[韩] 成慧淑 著
[韩] 申明焕 绘
陈琳 胡利强 许明月 译

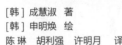

U0314391

化学工业出版社

·北京·

3

热到底是什么?

人要在世界上生存,需要什么呢? 我有种预感,如果向我们班学生提出这个问题,他们一定会马上叫起来:"饭!"饭当然是需要的,还得有水。此外我们还需要呼吸的空气。要想活得优雅,还得有遮蔽身体的衣服,有房子住就更好了。所以说,衣食住是人类生活的三大基本需求。

除此以外，还有一种看不见的东西，也是我们生活中必不可少的。它可是人类得以在地球上存活的一等功臣，但它躲起来了，谁也看不见，所以人们往往意识不到它的重要作用。

它到底是什么呢？也许有人会认为我的看法很荒唐，但我还是要理直气壮地坚持自己的主张。它就是"热"。

我们的生活离不开热。平时我们会使用"发热"、"天气热"等词语，其实发热就是人体正在调节适当温度的过程。

从地球形成之初到生命体在地球上出现，热也发挥了重大作用。地球是宇宙间的陨石、小行星等互相发生碰撞而形成的，在此过程中产生了巨大的热量。起初，地球是个熊熊燃烧的大火球，各种物质混杂在一起。后来，地球逐渐冷却下来，形成高山、丘陵、平原等地形，地壳放出大量气体上升到地球外部，形成了大气层。水蒸气在高空遇到冷气流后，变成降雨落到地面上。

地球受大量雨水冲击，在低洼处汇成海洋、湖泊、河流，最早的生命体就是在水中孕育的。地球之所以能够维持各种生命体生存所适宜的温度，就是因为地球和太阳之间保持着适当的距离，稳定地接受太阳的光热供给。如果地球距离太阳太近或太远，生命体都将无法存活。

太阳每天照耀地球，给我们带来光和热。但从前的人们并不知道热的存在，酷暑和严寒曾使他们饱受折磨。今天，人类懂得了如何利用热，不仅学会了调节冷热温度，还了解了热的运动方式。

所以我说，热是我们生存的必需条件。你是不是认为我言过其实？那好，就和我一起来看看热到底是什么吧！读完我给你讲述的故事，你一定也会觉得，热确实是必不可少的。

热到底是什么呀？

"跟我来，我告诉你。"

目录

第 1 章
热在哪儿

从篝火开始的文明

大约 500 万年前，地球上出现了最早的原始人类。早期人类叫做"南方古猿"，长得很像猿类，与现代人类区别极大。之所以称之为原始人类，是因为它们的脑结构已经与现代人类相近。从猿到人的进化过程经过了漫长的岁月。

那么，人类是从什么时候开始过上"人一样"的生活的呢？原始人类几乎与野兽无异，它们赤身裸体、毛发浓密，过着茹毛饮血、居无定所的生活。一定有某种决定性的因素，使人类终于能够享受今天的文化与文明。

快来找找热在哪儿

450 万年前	200 万年前	160 万年前	40 万年前	10 万年前	4 万年前	1 万年前
南方古猿	能人	直立人	早期智人	尼安德特人	晚期智人	新石器时代
	用石头制造工具	火的使用	人类文明萌芽			开始

南方古猿

南方古猿是早期人类，我们一般称之为"原始人"。1925 年南方古猿的化石在南非被发现，科学家们研究认为，他们大约生活在距今 300 多万年前。他们的长相接近黑猩猩，能够双腿直立蹒跚行走，初具现代人类的雏形。

南方古猿已经会使用工具、男女分工，从这个意义上来说，他们与动物有显著区别，已经具备了人的特征。

所以，学者们认为南方古猿是人类的祖先。

对衣、食、住的要求是人类与动物的根本区别之一。你见过动物穿衣服吗？动物会像人一样运用煎、煮、烤、炸等各种方法来烹饪食物吗？在一个地方盖房子、定居也是人类的一个显著特征。

为自己营造最起码的生存环境以后，人类开始制造工具，让自己的生活变得更为便利。文字的出现，极大地推动了人类的文明进程。

自从发现了火，人类的生活有了巨大的改变。此后人类文明的每一个进步都与火有关，准确地说，是与火所具有的热有着密切联系。在自然界中发现火是人类利用热的第一步，南方古猿以后出现的直立人也留下了用火的痕迹。

人类最初是在自然界中发现火的。他们看到被雷电击中的树木在大雨中熊熊燃烧，吓得魂飞魄散，根本不敢靠近一步。后来，火熄灭了，他们意外地发现被火烤熟的动物十分美味。从我们的角度来看，那可是正宗的炭火烤肉啊！

学会食用烧熟的食物，这听起来好像没什么大不了的，但对当时的人类来说却意义非凡。以前生吃食物，人们很容易患上各种病。食物被烧熟以后，因生病而死亡的几率就大大降低了。

原始人第一次看见火的时候，吓得心惊肉跳，逃得远远的，就像其他动物一样。但人类具有强烈的好奇心，他们鼓起勇气，慢慢靠近燃烧的火，发现那里非常温暖，可以抵御寒冷。

严寒的冬天来了，为了躲避凛冽的寒风，人们从前只会钻到洞穴里、躲在树藤底下寻找温暖与庇护，但发现火以后，再也不用担心会被冻死了。一开始，哪里有火他们就去哪儿，跟着大自然的火到处搬家。从使用天然火到学会人工取火，其间经历了40万年的漫长岁月。

人们先是想办法把火种保存下来，使它长久不灭。又过了相当长的时期，人们学会了用两根木头相互摩擦制造火星，或击打燧石来取火。

学会了用火，其实就是掌握了利用热的方法。人们用火来照明、烧制食物、御寒取暖。用泥土做成的器具如果在火上烧过以后，会变得非常坚硬，可以当做狩猎的工具。

"嗯？还用得着到处去找火吗？直接点火不就行了？"

"你以为古代的人类能像今天这样用火吗？所有的事物都是有发展阶段的。"

"噢，我真是太喜欢这种打猎方法了！"

此外，人们还发现火足以使金属熔化，制造成所需的形状。在部落之间发生战争的时候，金属制成的刀、枪发挥了巨大威力，木头做的武器完全无法与之匹敌。

从历史上看，有的部族善于利用火和热制造金属武器，在战争中取得胜利后吞并其他部族，并建立了国家。

今天我们所使用的许多工具都是金属制成的，这是人们巧妙利用热的结果。怎么样，热在人类发展史上的贡献不小吧？

我们身边的热

　　现在，我们在身边找一找热吧！如果连热在哪儿都不知道，就没法继续往下学了。我猜，大家在生活中从来没有意识到热是什么、热在哪里，因为热原本就善于隐藏。其实，热就在我们身边，伴随着我们的生活。如果热从这个世界上消失了，我们可能马上就会回归到原始人的生活状态。

没有火！

料理王选拔大赛

哎呀，这水跟冰一样啊！

没有热，我们怎么制作食物呢？即使眼前摆满了新鲜的蔬菜、活蹦乱跳的鱼、鲜嫩的肉等令人垂涎欲滴的食物材料，如果没有热，我们什么也吃不了，手艺再好的厨师也会束手无策。啊，对了！蔬菜沙拉还是可以吃的，不过你最爱吃的烤鸡就想都别想了。

"啊！怎么回事？只有冷风了！"

早上起来到浴室洗澡，如果没有热会怎么样呢？水管里只有冰一样的冷水，洗澡冻得直打哆嗦，咬着牙洗完澡想把头发吹干，你会发现连吹风机也无法正常发挥作用。

"呵呵！看，没有热不行吧？"

老师，为什么会这样呢？

阿嚏——

热不仅存在于我们的厨房和浴室，书房、卧室里也有热。虽然谁都没有留意，但热隐藏在发出明亮光芒的台灯里，隐藏在暖烘烘的被窝里，让我们能够看书写字、舒舒服服地睡觉。

说到这里，我突然想起了小时候的一件事。那时，妈妈总是不让我看电视，因为我每次一看电视就没完没了。有时妈妈不在家，我就偷偷地打开电视，想看

多久就看多久，估摸着妈妈快回来了，才把电视关上。可是，什么事都瞒不过妈妈的眼睛，她一进门就摸摸电视的后背，发现是滚烫的，马上猜出来我刚才一直在看电视。托热的福，我被妈妈好好教训了一顿。看来我们意想不到的地方，都有热的身影。

你又看电视了吧？

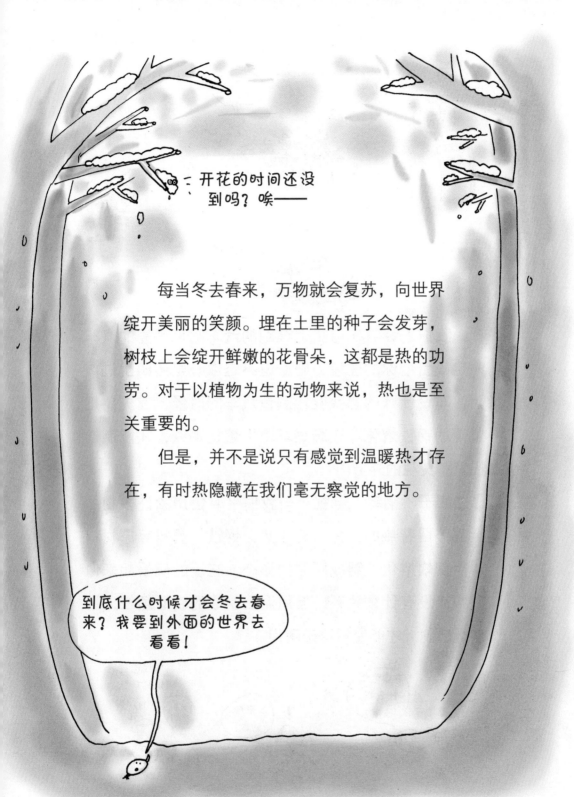

开花的时间还没到吗？唉——

每当冬去春来，万物就会复苏，向世界绽开美丽的笑颜。埋在土里的种子会发芽，树枝上会绽开鲜嫩的花骨朵，这都是热的功劳。对于以植物为生的动物来说，热也是至关重要的。

但是，并不是说只有感觉到温暖热才存在，有时热隐藏在我们毫无察觉的地方。

到底什么时候才会冬去春来？我要到外面的世界去看看！

　　我们来看看在道路上奔跑的汽车吧！漂亮的汽车一定吸引过你的注意力吧？说不定你心里还萌生过成为汽车设计师的念头呢！制造汽车的时候，首先要把坚硬的钢铁熔化。在高热环境下熔化钢铁，才能制造出汽车美观的外形。

　　杯子、钢笔、电视……我们平时使用的许多物品上都停留着热的身影。有了热，钢铁、塑料等原材料才能变软熔化，制成所需的形态。吃饭的碗看起来似乎和热没有什么关系，但用泥土制成的碗必须在火上进行烧制，才能变得坚硬耐用。

日常生活中，我们都在有意无意地使用着热。热使我们感到温暖，也帮助我们制造出必需的物品。

热隐藏在我们家里的角角落落，好像在跟我们捉迷藏。虽然肉眼看不见，但它确实存在。只要你留意去寻找，就一定能找得到！

身体里的热

　　你什么时候会说到"热"这个词呢？除了说天气热，平时我们似乎不怎么用到它。不过仔细想想，还是有的。

　　你知道为什么人生气的时候会脸红吗？那是因为血管里血流的速度加快。遇到令人激动的事情，心脏也会跳动得更快。

心脏运动加速，会把更多的血液输送到我们全身的血管里。皮肤附近的血管里血液增加，皮肤的颜色就会发生变化，看上去脸红红的。但是身体的温度并不会因为生气而升高。身体健康的人，会自动把多余的热排出体外。脸变红的过程还能使过多的热冷却下来。

不需要到多远的地方去寻找，热就存在于我们的体内。说到这里，你就不会觉得热离你非常遥远了。

"一、二、一、二"

　　我们的身体会维持一定的温度。食物进入我们的体内，消化后被分解，产生热量。所以我们常说某种食物含有多少热量。热量的单位是焦耳，食品包装上常常可以看到相关标识。

　　正常人的体温通常是36.5℃左右。在这个温度下，我们的身体感觉最舒适，各个器官能够正常工作。构成我们身体的细胞会产生人体所必需的热量，维持适宜的温度，还能及时发出信号、调节体温。天气变冷、体温下降时，身体发抖能提高温度。天气炎热、体温升高时，又能通过排汗的方法给身体降温。

　　皮肤被蚊子叮咬后，会有微微发热的感觉吧？这是因为人体细胞在活跃地运动，试图阻挡细菌侵入体内。患上感冒时，病菌会让我们发烧。发烧是多种疾病的信号。如今在医院里，医生通常利用红外线来测量体温，找出疾病隐藏的部位。

你有没有感冒发烧，身体热得像个火球的经历？感觉发烧的时候，可以用体温计测量身体的温度。体温接近 40℃ 时，就要马上去医院。40℃ 是一个非常危险的温度。为什么这么说呢？

把生鸡蛋打在煎锅里，受热后蛋清部分就会变成诱人的白色。构成鸡蛋的主要成分是蛋白质，我们的身体也是由蛋白质构成的。蛋白质开始成熟的温度就是 40℃。如果你发烧到这个程度，身体说不定也会像煎鸡蛋一样被烫熟了！听起来是不是很可怕？

　　幸好，在温度上升到 40℃以前，身体会发出信号，说自己不舒服，让我们赶紧带它上医院。

如果体温过低，身体细胞就会失去活力，难以维持生命。北极、南极等极地地区天气非常寒冷，人长时间处于这种环境，感觉会变得迟钝，陷入无法思考的状态。

有时我们会听到这样的新闻：有人在冬天里登山，因体温下降而死亡。他们是被冻死的。也就是说，随着体温的降低，构成我们身体的细胞逐渐停止了活动。

因此，我们体内的热是必不可少的，起到调节体温的关键作用，以维持正常的生命活动。

热对人长相的影响

到世界各地去旅行时，你一定会注意到各个国家、地区的人长相都不太一样。其实这是身体适应环境、维持适当热量的结果，这一点你一定不知道吧？

生活在炎热地区的人们往往长着蓬松的卷发，胳膊和腿都很长。蓬松的卷发能够留住许多空气，即使阳光强烈，头部也不会直接接触到高热，还能使空气流通、头部皮肤的汗液尽快蒸发。长长的手臂和腿是散发热量的有利条件。人体接触外部空气的部位多，就能有效地把热排出体外。

相反，寒冷地区的人们为了不被冻死，就要防止身体的热散发出去。他们通常有着浓密的长发，短短的胳膊和腿也减少了温暖的身体与外部空气接触的面积，这样才能防止身体的热量流失。

第 2 章
受热膨胀

热气球为什么会上升?

　　把眼睛睁大，环顾四周，你能找到热吗? 也许你马上就会意识到热的存在。我们周围的很多现象都是因为有了热才会产生的。下面我们来看看热隐藏的地方都会发生哪些奇妙的现象吧!

你坐过飞机吗？我到了 20 岁才第一次坐上飞机。当飞机缓缓上升的时候，我俯视窗外，看到地上的树啊、房子啊、汽车啊，都变得越来越小、越来越远，我们生活的世界看起来就像个玩具城。当你置身于高空之中，会有非常微妙的感觉，好像长了翅膀飞上了天空，儿时的梦想成真了。

我为什么突然说到飞机了呢？那是因为热是帮助人们第一次实现飞翔梦想的头号功臣。当然，我指的并不是飞机。

人习惯了在地面上生活，而热气球的出现，使人能够离开地面、飞到空中。热气球是利用燃烧时的热空气飞上天的。

法国的孟格菲兄弟受到烟的启发，制造出了世界上第一个热气球。他们看到碎纸屑在火炉中热热气流的作用下不断上升、飞舞，就开始思考：如果把热气收集在巨大的袋子里，那袋子是不是也会飞起来呢？看到最常见的热气流会想到这么奇妙的主意，孟格菲兄弟可真是了不起啊！

兄弟俩开始做实验。他们用纸做了一个大袋子，并点起火，让周围的空气热起来，袋子果然飞了起来。在好奇心和飞翔梦想的驱使下，兄弟俩制作了热气球，先尝试让动物飞上天，最后成功完成了载人飞行的实验。

刚才你一定没想到我会说起热气球的故事，而是以为我会说莱特兄弟发明的飞机吧？飞机的制造比热气球复杂得多。你听说过达·芬奇吗？他在艺术界赫赫有名，对科学界也做出了巨大贡献。达·芬奇有着强烈的好奇心，喜欢新鲜事物，他曾经发明了螺丝形状的直升机，不过没能成功飞上天。

列奥纳多·达·芬奇

小知识

列奥纳多·达·芬奇是 15 世纪意大利的天才画家、科学家、思想家、发明家、建筑工程师和军事工程师。达·芬奇于 1452 年 4 月 15 日出生于意大利佛罗伦萨近郊,从小兴趣广泛、极具音乐天赋,但他最喜欢的是画画儿。他被评价为欧洲文艺复兴时期最完美的代表。

长大后的达·芬奇对科学产生了浓厚的兴趣,从他的许多绘画作品中都可以看到科学智慧的闪光。飞机、降落伞、坦克车、小型战舰、蒸汽机、潜水服……达·芬奇曾有过无数的发明设计,但根据他的设计制造出来的装置能够实际启动的并不多,他的创意大部分止步于设计,直到几百年后才成为现实。

达·芬奇设计飞翔机械的故事充分体现了他丰富的想象力。他认为蝙蝠的翅膀是最适合人类飞行的形状,于是设计出了"扑翼飞机",但没能成功飞上天。

或许可以说,达·芬奇的设计远远领先于他所处年代的技术水平,

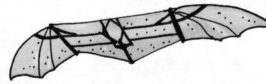

根据达·芬奇的设计图还原的蝙蝠形状的飞行器

所以在实验中往往以失败告终。但他非凡的想象力、冒险和创新精神给人类留下了宝贵的精神财富。

鸟类天生就有翅膀，凭借这个神秘的自然礼物，它们能够自由地在空中飞翔。要制造出带有翅膀的飞行物体，需要考虑空气的流动等许多条件，是一项非常复杂的工作。但热气球只要有火就会飞起来，这是为什么呢？

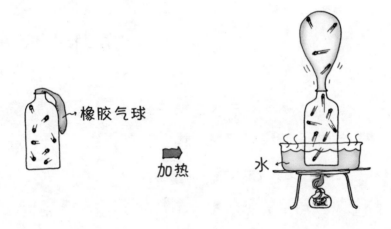

橡胶气球

加热

水

　　这正是热的力量。热所具有的最明显的特征之一，就是"受热后会膨胀"。我们来看看热气球里面到底发生了什么。

　　热气球里面的空气是由许多微小的粒子构成的，小得我们根本看不见。你可能也听说过这种粒子是构成物质的基本单元吧？它叫分子。当空气受热的时候，

空气中分子的运动就会变得非常活跃。

你可以想象一下许多细微的颗粒快速运动的情景。它们运动得越快，就需要越大的空间。也就是说，空气在受热的过程中体积逐渐增大。

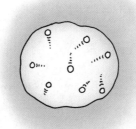

温度低，体积小
（压力不变的情况下）

在热气球下方点火，空气受热，分子的高速运动使热气球逐渐膨胀起来。体积虽然增大了，但分子的数量是不变的，也就意味着热气球里的空气密度变小，相同体积的热空气比气球外的冷空气轻，产生了浮力。

这就是热气球能够飞上天的奥秘。巨大的热气球能够带着人在空中飞行，可以想象热的力量有多大。

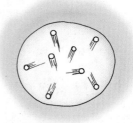

温度高，体积大
（压力不变的情况下）

会飞的火柱

准备物品：薄纸（制作荷花等手工作品用的薄纸）、剪刀、胶棒、火柴。

将薄纸裁成长 10 厘米、宽 7 厘米左右的长方形。

沿着薄纸的长边，卷成长长的圆柱。

将圆柱的下端粘合。

立起圆柱，用火柴将上端点燃。

圆柱内的空气受热膨胀，慢慢地飞起来。

受热的气体

　　使热气球上升的力量是热，受热的空气发生膨胀，带着气球飞上天。像热气球里的空气一样，所有的气体受热以后都会膨胀。懂得了这个简单的道理，我们就能送给妈妈一个惊喜的礼物。

　　究竟什么样的礼物呢？妈妈洗完后摞起来放的餐具有时会很难分开，这时你就可以送她礼物了。此外，还可以让妹妹变瘪了的乒乓球、没气了的橡皮球重新恢复原状。

　　到底该怎么做呢？我们要利用气体受热膨胀的原理。

首先，把叠在一起的碗分开。其实做法非常简单，把碗放在水龙头的热水下冲一冲，这样，碗和碗之间的空气变热，气体分子的运动加快，空气体积增大，这时稍微用力一拽，碗就被分开了。

说到这里，你是不是明白该怎么使瘪了的乒乓球恢复原样了？对，想办法让球里面的空气热起来。让乒乓球漂浮在热水上，过一会儿，你就能看到乒乓球鼓起来。怎么，你不信？那就亲手试试吧！

我小的时候，大概像你们这么大的时候吧，对什么都好奇，也不知道害怕，结果闯了不少祸。

有一次，老师上课的时候说水沸腾的温度是 100℃。回到家里，我很想做个实验证实一下，就轻轻地把温度计放进了刚烧开的水壶里。

结果，温度计马上就破了。（**注意：千万不能把温度计放在开水里，会爆裂，非常危险！**）这是因为玻璃突然被放入热水，里外温差导致破裂。我不知道怎么办才好，幸亏妈妈及时赶到做了妥善处理。

温度计里面有银白色的水银柱，当温度升高，水银柱就会上升，温度降低时，水银柱又会下降。为了让刻度显示得更清晰，温度计的水银里有时会加入红色色素。

热水

将温度计的一头放进热水（注意，不是开水！）里，水银受热后，分子加速运动，需要更多的空间，体积就变大了。

温度计刻度的变化正是由于热的缘故。如果用温度计去测量一个较热物体的温度，水银在受热后体积增大，水银柱就会上

升，爬到 20℃刻度处，接着是 30℃刻度处，直到和物体的温度一致才停止。温度计受热后，水银的体积增大，原先聚集在底部的水银为了寻找更大的空间，开始向上攀升。根据水银停止上升时显示的刻度，我们就可以看出物体的温度了。

特别提醒：我们日常生活中最常见的是水银温度计，水银有剧毒。如果水银温度计不小心被摔碎，小朋友一定要及时通报家长，由家长来做处理。洒落下来的水银应立刻用滴管、毛刷收集起来，再用水覆盖（最好用甘油），然后在污染处撒上硫黄粉，无液体后（一般约一周时间）方可清扫。

冷水

"读取温度计的刻度时，眼睛要平视红色水银柱的顶端，才能得到准确的数值。"

相反，如果用温度计去测量一个较冷的物体，温度计的红色水银柱就会下降。

水银是液体。和气体一样，液体也是受热时体积增大，但并不像气体那么明显，不容易被察觉。那是因为液体分子之间的间隔比起气体分子要紧密得多。受热后想膨胀，但周围的束缚太多，所以只能膨胀一点点。

可以想象一下，我们想撒开腿奔跑，但在人群拥挤的环境里是跑不起来的。液体受热时分子的运动也

马拉松

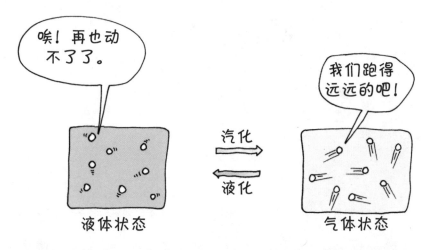

液体状态　　汽化 →　　← 液化　　气体状态

是这样。所以，比起气体，液体的受热膨胀现象并不那么明显。

　　在温度计里，水银被填充在细长的玻璃管内，我们能够清楚地看出它的体积变化。但一般情况下，液体的体积变化是不易察觉的。尽管如此，液体受热膨胀依然是客观存在的事实。超市出售的饮料瓶里的水都不会被装满，就是为了防止受热时液体膨胀，使瓶子发生破裂。

桥上的裂缝

不知道你有没有注意过：电线杆上的电线在夏天会松松地耷拉下来，冬天却绷得很紧。电线的长度变化也是由热带来的。电线里面的铜并不是我们前面所说的气体或液体，而是固体。固体受热后也会发生

一定程度的膨胀。下面我给你讲一个固体受热膨胀的故事。

2006 年 2 月 10 日是一个寒冷的冬日。这天下午，下班回家的人们开着车行驶在横跨韩国汉江两岸的大桥上。在经过铜雀大桥时，一名司机注意到一个奇怪的现象。

他发现桥上有一条大裂缝！司机担心大桥的安全，马上打电话到警察局报警。

接到报警电话后，警察开着警车，一路鸣笛赶到现场。他们在桥上设置了路障，禁止车辆通行，并通知负责道路管理的专家前来查看并采取措施。

路面上的裂缝有 12 厘米宽，但专家却说这是正常现象。既然专家都说没问题，路障就被撤除，车辆也

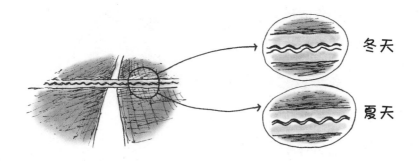

冬天

夏天

恢复了通行。

　　原来，桥面上层原本就存在缝隙，这是有意设计的。造桥所用的材料大部分是混凝土，但最上层是钢板，为了保证大桥在热的作用下体积发生变化时始终安全，工人叔叔在造桥的时候特意让钢板与钢板之间保留了一定的接缝。随着季节的变化，路面受热情况不一样，炎热的夏天钢板的体积会增大，寒冷的冬天钢板的体积则会缩小。有了伸缩缝，就能防止热

胀冷缩对桥造成破坏。

上面的例子可以看出，固体受热以后也会发生膨胀。固体状态下，构成物质的分子排列得十分紧密而有规则，固体物质的形状不容易发生改变的原因也正在于此。你使用的铅笔、橡皮等固体，形状总是不变的吧？如果这些东西像液体或气体一样，形状容易变来变去，那还怎么用呢？但是，在受热的情况下，像气体

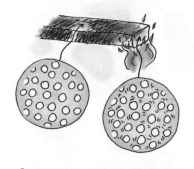

受热前和受热后的固体分子

"真热……真热呀……"

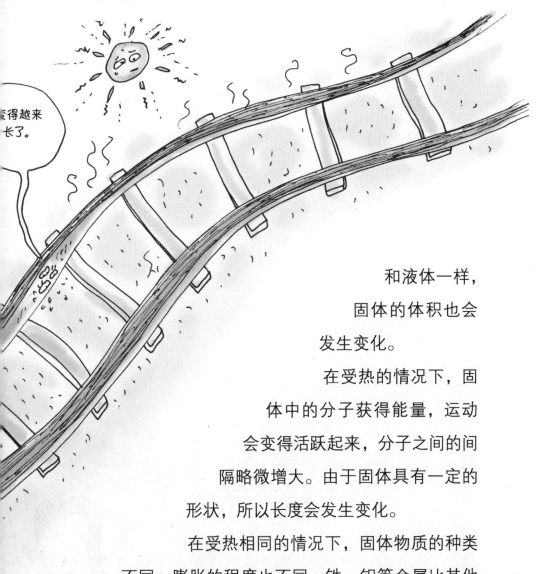

和液体一样，固体的体积也会发生变化。

在受热的情况下，固体中的分子获得能量，运动会变得活跃起来，分子之间的间隔略微增大。由于固体具有一定的形状，所以长度会发生变化。

在受热相同的情况下，固体物质的种类不同，膨胀的程度也不同。铁、铝等金属比其他固体物质更容易膨胀，所以用于铁轨、大桥等的钢材通常会留有伸缩缝，以防止夏天受热膨胀。如果铺设得严丝合缝，夏天容易发生翘曲变形。

第 3 章
运动的热

热的传递

　　太阳神阿波罗是希腊神话中的人物。他驾驶着一辆太阳战车，给世界带来太阳的光与热。

　　有一天，法厄同来找他，要求驾着太阳车在空中驰骋一天。但是，法厄同没有抓住马的缰绳，马四处乱跑，脱离了原先的轨道，飞得离地面太近了，整个世界顿时热浪滚滚。马车经过的地方，山头燃起了大火，草木瞬间干枯，人们的皮肤被烤得漆黑，就连冰冷的湖水都沸腾起来。

我为什么要讲这个故事呢？因为下面我要说到热的运动。热就像是个顽皮的孩子，不会乖乖地待在某一个地方，总是到处跑来跑去。

靠近热的地方，我们能感觉到热传递到自己身上。要想找出隐藏的热，摸一摸热的物体就行了。

但是，可别把手伸进燃烧的火里，手会被烧伤的。你可以把手靠近火源，感受一下传递过来的热量。热是在不停运动的，所以不需要直接接触，你也能感觉到它。

触摸热的东西会感受到热气，那碰到冷的东西会怎样呢？我小时候特别喜欢骑自行车，寒冷的冬天我走出家门，准备骑自行车，手一碰到车把手，就感到一股刺骨的寒意。其实这种冷的感觉也是热的运动所造成的。

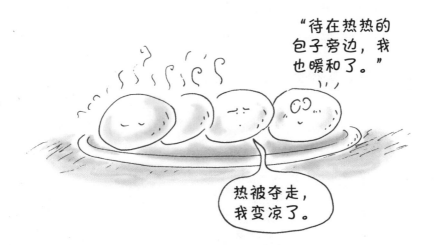

"待在热热的包子旁边，我也暖和了。"

热被夺走，我变凉了。

　　热不仅在热的物体上运动，也在冷的物体上运动。有时我们会说"感觉到寒气"，其实这样的表达是不正确的，是我们体内的热传递到周围的冷空气中去了。

　　热总是从温度高的地方传到温度低的地方。如果物体比我们的手还热，热就会从物体传递到我们的手上。如果物体比手冷，热就会从手上流失。

　　得到热，会有温暖的感觉。失去热，会有冷的感觉。热的运动带给我们截然不同的感受。

　　设想一下，如果有一天，这个规则被打破，热从温度低的地方移动到温度高的地方，那会怎么样呢？

这样一来，冷的物体不断失去热，热的物体总是得到热，世界上就会只剩下熊熊燃烧的火焰和寒冷刺骨的冰块，那将会多么可怕！

啊

还好，热总是从温度高的地方移动到温度低的地方。比周围冷的物体吸收四周的热，温度逐渐升高，热的物体向四周释放热，温度逐渐降低，直到两者温度相同。

太阳神的马车只是神话中的故事，但在现实中，太阳的确源源不断给地球输送着光和热。因为地球比太阳冷，所以热总是从太阳传到地球。那么，热到底是怎样运动的呢？它又没有长脚。下面我们来说说热传递的几种方式。

手拉手：传导

我小的时候，喜欢玩"电游戏"，不知道现在的孩子们还会不会玩这个游戏。这需要几个小伙伴一起玩，先指定一个人负责猜，并闭上眼睛。然后大家围成一圈做好，和旁边的人手拉着手，其中某一个人紧握一下旁边人的手，发出信号，接到信号的人再把信

号传递给下一个人，坐在负责猜的人旁边的人收到信号后，就使劲拍一下猜的人的手。这时猜的人可以睁开眼睛，判断信号是由谁先发出来的。

这个游戏既紧张又好玩，我们只要一有机会聚在一起，就会玩这个游戏。

人和人手拉手，可以向旁边的人传递信号。热也是如此，如果两个物体有相互接触的部分，就会用类似的方法把热传递过去。

我们用手拿起装满热水的杯子或刚烤好的红薯，会感觉到热，这就好比我们的身体正和物体"手拉手"。热能够沿着物体，从一端传到另一端。

前面我们说过，构成物质的分子在受热的时候会变得活跃，一些分子碰到热的物体后开始运动，并和旁边的其他分子发生碰撞，让这些分子也运动起来。分子的运动不断向旁边扩散，热也在这个过程中被传递，直到所有的分子都达到相同的温度。热从物体温度较高的部分沿着物体传到温度较低的部分，就叫做"传导"。

固体中的分子排列得非常紧密，所以可以用这种方法来传递热。平时你有没有试过把手放到某个物体上，看看它

"把一块骨牌推倒，其他骨牌也会相继倒下。临近的分子发生相互碰撞，让这种运动传递下去。"

是冷还是热？这其实就是利用了传导的原理。你的手直接接触到物体，使构成物体的分子发生运动。

起初运动得非常快的分子在与别的分子发生碰撞时，速度会减慢。正如你在全速奔跑时撞到其他人，会把他撞得打个趔趄，你自己的速度也慢下来。受热后高速运动的分子也是一样。在热传导的过程中，自己的速度减慢，带动其他的分子运动，直到所有分子都差不多具有同样的热。

但是，有的物体善于传热，有的物体不善于传热。这是因为有的物体中分子的运动容易传递到其他分子，有的则不然。想想看，一个圆圆的球在地上滚动，碰到另一个静止的球时，会很容易让那个球也滚动起来，但如果换成不善于滚动的四方形砖头呢？一块滚动的砖头碰到另一块砖头，并不能让它前进得太远。

在一般情况下，铁、铜等金属善于传热。所以，做饭的时候，我们需要用到金属制成的炊具。你一定在厨房里见过金属做的汤锅、煎锅吧？这种善于传热的物质叫做"热的良导体"。

还有些物质不善于传热。树和金属一样是固体，但不善于传热，所以锅具的手柄通常是用木头制成的，目的就是不让热传到我们手上。你有没有注意过，在路边买的热狗和烤串的扦子也是用木头做的。如果换成铁扦子，就会烫手。说到这里，我想起了小时候有一次拿铁筷子去戳刚烤好的红薯吃，结果烫得掉到了地上。

银、铜、铝等金属物质都是善于传热的。同样是固体，木头、玻璃、塑料等不善于传热，这些物质叫做"热的不良导体"或"绝热体"。

明明是铁更冷……

还记得我刚才说过的自行车吗？冬天放在室外的自行车冰冷冰冷的，但骑上去，你会发现把手并不像车身那么冷。车身部分是金属制成的，手摸上去冷得刺骨。

虽然处于同样的环境，车把和车身的温度相同，但金属善于传热，接触时夺走了我们手上的许多热，所以我们会觉得冷。塑料不善于传热，从我们身上带走的热也少，所以感觉并不那么冷。

"我们感觉到的温度是不准确的。热被带走得越多，就越觉得冷。"

隔热的空气

热总是从温度较高的地方传到温度较低的地方。滚烫的咖啡放在桌子上，先是变得温热，然后逐渐冷却。冰淇淋也是这样，当我们拿着冰淇淋在路上走，由于热的运动，冰淇淋会很快融化。

为了防止上述情况发生，人们注意观察什么情况下热不会发生传递，并有了相关的发明。我们很熟悉的保温瓶、泡沫塑料都是能够隔热的物品。

保温瓶的外壳与内胆之间有一层真空。真空就是没有任何物质的状态，连空气也被抽走，所以叫真空。装在保温杯里的热水想要把热传导出去，需要通过某种物体，但中间什么都没有，热就跑不掉，所以能够起到保温的效果。

泡沫塑料则是利用了空气。你在包装箱里见过泡沫塑料吧？对，就是那种又白又轻的东西。泡沫塑料是将空气注入坚硬的塑料制成的。空气有良好的隔热效果。

　　用"传导"的方法把热传递出去，物体之间必须互相接触，物质中的分子才能通过活动传递热。但空气中的分子相互之间间隔很大，所以空气很难用传导的方法来传热。

　　我们把能够阻止热传递的材料叫做"隔热材料"。冬天天气冷，家里开暖气，热也会从门缝窗缝里漏出去。所以盖房子的时候需要使用不善于传热的隔热材料。

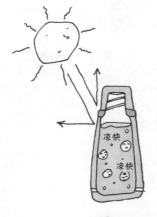

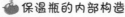 保温瓶的内部构造

下列哪种材料最适合在夏天包装冰淇淋？

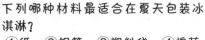

①纸 ②铝箔 ③塑料袋 ④棉花

当然是摸上去凉凉的铝箔了！不对，老师怎么可能出这么简单的题目呢？

好好想想前面学过的内容。

嗯？前面学过的内容？

"啊，我知道了！是④棉花吧？棉花中间的空气可以隔热。"

"嗯，不错，答对了。一般大家很快就会想到用铝箔来包装冰淇淋，其实应该利用棉花，才能有效阻止热的传递。"

老师怎么知道我先想到的是铝箔呢？

我们平时生活中最常见的隔热材料就是泡沫塑料。

就连住在北极地区的人们，都知道把空气当做隔热材料！你听说过雪屋吗？那是爱斯基摩人的独特建筑。

要建造雪屋，首先要堆积很多很多的雪，把雪垒得严严实实的，做成雪砖，用来盖雪屋。

雪砖就像冰一样冷，但和冰又有着非常重要的区别：雪里面有许多空气。如果雪砖之间没有空气，就无法阻止热的传导了。屋里就算生了火，热一个劲地往屋外漏，那还能叫房子吗？外面寒风呼啸，有了隔热的空气，屋里也是暖烘烘的，爱斯基摩人才能快乐地生活。

流动、扩散：对流

　　去澡堂洗澡的时候，你是不是也经常刚把脚伸进热水里，就烫得赶紧缩回来？我到现在都觉得进入澡堂的热水里是需要勇气的。但真的把身体泡进水里，又好像并不那么烫，完全可以忍受。上层的水让人感觉更热。

这其实不仅仅是我们的感觉，实际上上层水和下层水的温度确实是不一样的。热一点的水在上面，凉一点的水在下面。水里面没有分界线，我们的眼睛看不到，但水中的分子却携带着热量不断运动着。

　　水里的分子并不是像固体一样，只在自己的位置上轻微振动。构成水的分子会跑到别的地方去。物质中的分子能自由活动时，传递热的方法就不是传导，而是另外一种方式了。

水被加热以后，水中分子的活动就变得活跃起来。它们活动得快，相互之间的间距就会变大。所以，在空间相同的情况下，热水的分子要比冷水的分子少。

分子数量少，热水就相对较轻。这和热气球飞上天空的原理是一样的。较轻的热水升到上层；较冷的水较重，开始往下沉。

不但水是这样，刚才我们说过，空气之所以能够隔热，是因为空气中的分子相距很远，所以不发生热传导，空气分子之间发生碰撞的速度要比金属慢10万倍。但是，空气能够用别的方法来传热。

看看我们生活的地球上方吧！

在包裹地球的大气层中，热也并不是静止不动，而是时时刻刻在运动的。

在阳光的照射下，受热的空气变轻，升到上层，冷空气则会下沉。

我们呼吸的空气就是这样在地面和高空之间运动的。地面上的空气受热后变轻上升，高空中的冷空气下沉，受热后又上升，这样循环流动、互相掺和，把热传递到四面八方，使温度趋于均匀。

水、空气等物质善于流动，所以能用这种方式来

传递热量，这就叫做"对流"。这和分子相互接触、碰撞来传热的传导不同。

走路能带我们到想去的地方去，如果中间有河、有大海，不就过不去了吗？但人可以坐船过河，在海上航行。虽然不能直接飞起来，但能坐在鸟的翅膀上飞上天空。热就是这样借助空气、水等流体进行传递的。

液体和气体中的分子的活动都非常活跃，受热后分子马上就会高速运动起来，把热量传递开去。这就是第二种热传递方式。

我冷，该沉到下面去。

"你好！"

"我热了，要升到上面去！"

76

验证热的对流

准备物品：两个玻璃瓶、水槽、颜料、热水、凉水。

把少量颜料滴入热水，灌满玻璃瓶。

在水槽里装满凉水，用手堵住灌满热水的玻璃瓶的瓶口，倒着放入水槽。

把玻璃瓶立起来，松开手，看看有颜色的热水是怎样流动的。

反过来，在凉水里滴入颜料，灌满玻璃瓶后放入装有热水的水槽里。凉水会向哪儿流动呢？

→ 可以观察到热水停留在水槽的上方，凉水流向底层。

利用热对流

  想亲眼看看热对流现象吗？那就跟我一起走进厨房吧！当酱汤烧开以后，锅里的水就会咕咚咕咚地翻滚、冒泡。这就是热对流现象。我们无需用勺子进行搅拌，靠近灶火的锅底的热水也会往上涌，上层的冷水往下沉，原先搁在锅的底部的各种蔬菜逐渐浮出水面。这是因为水在受热以后发生对流现象，将热量传递给整锅酱汤，使酱汤沸腾起来。

  热对流现象不仅仅发生在小小的锅里。要想给整个房间制冷或制热，我们也可以巧妙利用热空气上升、冷空气下沉的热对流原理，取得良好的效果。

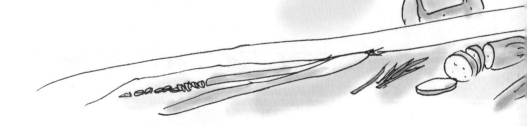

记得我小时候，每逢寒暑假，总喜欢到乡下外婆家玩。外婆家是传统的韩屋，在灶膛里点上火，就既能做饭又能取暖。寒冷的冬天，趴在暖烘烘的火炕上，别提有多舒适了。

韩国传统的取暖设施"温突"（韩式地暖）是非常科学的住宅设计。今天也有许多家庭采用地暖，这正是利用了对流原理。起初，冷而重的空气位于房间下方，受热以后，冷空气的分子变得活跃起来，间隔增大，

相同体积内的空气质量变小，于是逐渐上升，位于上方的冷空气则不断下沉，形成对流现象，直到整个房间都变得暖和起来。

西方的供暖设施也很相似，家中的壁炉总是安装在靠近地板的位置。但比起韩国的温突，壁炉的取暖效果就差得远了。温突里蕴藏着祖先的大智慧。

要想让房间变得温暖，我们只需把地板烧热即可。

那么，要达到制冷的目的，又该怎么做呢?

为了在炎热的夏季享受清凉，人们发明了空调。空调的工作原理和暖气一定有所不同吧?

大多数空调都是瘦长型的。小型的空调通常安装在房间墙壁的上方。大型建筑物里，工程师还会把空调固定在天花板上。

从空调里吹出的冷风温度较低，热量较少。房间里原有的热空气向上爬升时，遇到空调吹出的冷风，就会迅速变冷。冷空气下沉、热空气上升，不断地循环往复，使整个房间都变得凉快起来。

试想一下，如果反过来，把温突设计在房间上方、空调安装在房间下方，结果会怎么样呢？可以想象，热空气都聚集在房间的上部，冷空气则沉积在房间下部，空气无法形成循环，丝毫达不到制暖或制冷的效果。

穿越广袤的宇宙：辐射

现在，让我们把目光投向更高更远处，来看看热传递的最后一种方式。

我们生活在地球上，大部分热量来自遥远的太阳。就连我们生火取暖所用的树木和燃料都是在阳光照射下长大的植物。我们还能从依靠植物为生的动物那里得到燃料。总之，地球上的生命赖以生存的能源大部分都来自太阳。

太阳是一个火热的星球，也是距离地球最近的恒星。它离我们相对较近，又像个大火球，不像别的星星看上去那么遥远、那么小，

只在黑夜里眨眼，所以我们往往意识不到太阳也是一颗星星。

太阳有许多热量，阳光给我们生活的地球带来了光明与温暖。如果没有太阳传送热量，地球将会是一个冰冷黑暗的世界。

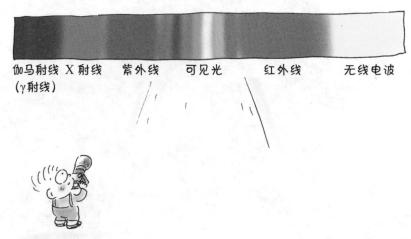

伽马射线　X 射线　　紫外线　　可见光　　红外线　　　　无线电波
（γ射线）

有了太阳的光照和热量，地球上草木生长，人们安居乐业。在黑暗的宇宙空间里，太阳到底是怎样传递热量的呢？

地球和太阳都位于宇宙空间之中，宇宙空间没有空气，不可能发生物体接触才会形成的热传导，也不可能进行热对流。

那么，太阳的热量是怎样传递到遥远的地球上的呢？热在宇宙空间里的传递方式非常特别，那就是利用红外线直接传热。红外线不需要任何介质，就能够传递热量。

站在暖炉旁边，或把手靠近燃烧的篝火，你就能感受到这种热传递方式。在周围受热的空气进行对流以前，火的红外线就会向四面八方传送热量。红外线是一种电磁波，能够在真空中传播。热量不通过任何物质，以电磁波等向外扩散的方式就叫做"辐射"。

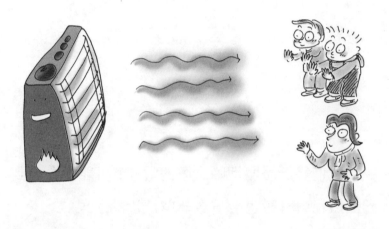

　　电磁波这个词听上去有点难吧？小时候我看过名为《龙珠》的日本漫画，里面的人能发出"能量波"，不需要武器，也不需要任何其他介质，就能发射能量波攻击敌人。

　　激光也是一种电磁波。收音机、无线电话等通讯装置都是借助电磁波来传递讯号的。热也能以电磁波的形式进行传递。

热辐射的威力

当我们舒舒服服地晒太阳的时候，可能不会想到，太阳的热辐射有时也会导致非常严重的后果。

2006年7月15日，英国伦敦发生了这么一件事。有个人买了一罐可乐后，随手放在车里就下车了。当时伦敦是32℃的高温闷热天气。

汽车停放在烈日下的停车场里，热辐射悄悄地发挥着威力。车内的温度逐渐升高，气温虽然是32℃左右，但阳光却把热量持续传递给汽车，构成汽车的金属变得越来越热了。

金属是热的良导体，很快，整辆汽车的温度都变得很高。在热辐射的作用下，车内温度已经超过了70℃。可乐罐的温度也随之上升。

可乐罐里除了可乐以外，还有二氧化碳气体。随着温度的不断上升，二氧化碳气体开始膨胀。虽然可乐的体积也变大了一点，但气体膨胀的程度要比液体显著得多。

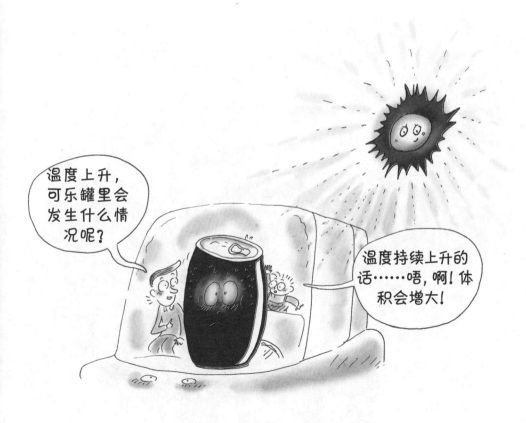

温度上升，可乐罐里会发生什么情况呢？

温度持续上升的话……唔，啊！体积会增大！

最后，膨胀的二氧化碳气体试图冲破可乐罐的束缚，"嘭"的一声发生了爆炸。静静停放在路边的汽车突然发出震耳欲聋的巨响，人们还以为发生了恐怖爆炸呢！

可乐罐支离破碎，里面的可乐喷溅得到处都是。

炎热的夏天，汽车里发生爆炸的事件屡见不鲜。比可乐罐爆炸更为常见的是打火机爆炸。

打火机一旦发生爆炸，比可乐危险多了。打火机里的气体本来不就是点火用的吗？可乐爆炸，最

嘭！

再也受不了了！

多就是把车弄脏了，可是打火机如果爆炸，就会着火。

其实，每年都会发生因打火机爆炸而导致的死亡案例。所以电视、收音机里会常常提醒大家要注意安全。

热的循环

热是持续运动的，在地球上的每个角落不断循环。

地球上运动的热大部分来自太阳。阳光穿过遥远的宇宙空间到达地球，为我们地球生命的生存提供了适宜的温度。

不过，因为地球是个圆球，所以阳光到达地球表面的夹角也有差异。赤道等热带地区得到较多的阳光照射，北极、南极等地区受热极少。太阳和地表之间的角度越接近直角，接受的热量就越多。

这导致各个地区的受热程度区别很大。如果热并不是在整个地球循环，适宜居住的地区恐怕会比现在减少很多。受热较多的地区越来越热，最后融化。受热少的地区越来越冷，最后冰冻。幸好，地球上的空气、海水无时无刻不在运动，将热量传送到整个地球。下面我们就来看看热在地球上是怎样循环的吧！

在阳光充足的赤道地区附近，地表温度升高，空气受热后膨胀变轻并逐渐上升，周围的冷空气马上填补了热空气移动以后留下的空间。这种空气的流动就形成了风。

上升的热空气会向较冷的地区移动，并因逐渐冷却变重而降落，由于地表温度较高，又会加热空气使之上升。就这样，冷热空气不断地循环流动，形成了大气对流，使地球上温暖地区的热被传送到寒冷的地区。

地球上三分之二以上的面积被海洋覆盖，太阳也照射在海洋上。海水也像空气一样携带着热量，在全世界旅行。北极和南极冰冷的海水沉入深海，并沿着海底缓慢地向温暖的海域移动。到达温暖海域的海水在赤道附近再次上升，并向极地地区运动。海水到达极地地区，和冰河发生碰撞后变冷，体积变小，再次沉入深海。

就这样，海水的流动使来自太阳的热量较为均匀地分布在整个地球上。海水环游世界一周，大约需要2000年的漫长时光。

带着热量运动的台风

每年夏天，台风都会带着暴雨降临，发挥巨大的威力。

🍅 台风灾害

但其实，台风对地球是有益的！台风主要发生在受太阳辐射较多、海水温度较高的北太平洋。由于海面温度高，水的蒸发加速，海水成为水蒸气，进入大气层。在形成水蒸气的过程中积聚了巨大的热量，使空气发生猛烈旋转，最后形成了台风。

🍅 2003年9月的台风"鸣蝉"，
气象厅资料

台风携带着赤道附近的大量热量向北方移动。可以说，台风起到了帮助热量在地球上循环、调剂地球热量、维持热平衡的重要作用。

第 4 章
热是能量

科学家的苦恼：科学史上的**热**

今天真冷，我得去喝杯热茶。

回忆一下，还记得前面我们都说了些什么吗？对了，看不见的热到底躲藏在什么地方、有热的地方会发生什么、热是通过什么方式传递的、热在地球上的循环，等等。

可是，热到底是什么呢？这个问题让我苦恼了很久，因为很难做出明确的回答。

你可能会问：怎么科学老师还会这样？但并不是我一个人才有这种苦闷。自从人类从火上发现热以来，几千年来，人们都无法对热给出一个正确的解释，就连最聪明的科学家也不例外。

在很长一段时间里，科学家认为火里有一种带热的粒子，所以才会让人感觉温暖。当两个温度不同的物体接触时，热粒子就会从温度高的物体移动到温度低的物体上。

为了证明热粒子的存在，科学家甚至试图测量过它的重量。但实验结果却推翻了原有的想法。

为什么热水和冷水混合，就会变成温水呢？

"这里面肯定有原因。热水遇到冷水后变成温水，说明两者的热粒子相互掺合在一起，使温度发生了变化。"

如果上述看法成立，那么冷的物体温度升高以后，重量应该增加才对，但实验结果表明，受热前后物体的重量没有发生任何变化。

直到 19 世纪，热才有了较为科学的定义。现在是 21 世纪，说明人们对热的本质有正确的认识还不到 200 年。

小知识 温度一样，热量也相同吗？

温度是表示物体冷热程度的数值，温度的单位是摄氏度（℃）。在 1 标准大气压下，冰水混合物的温度为 0℃，水的沸点为 100℃，其间分为 100 等份，每一份就是 1℃。

热总是从温度高的物体传递到温度低的物体。那么，如果两个物体温度相同，它们所具有的热量也相同吗？

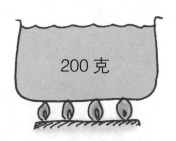

要把上面两壶水烧开，哪壶水需要更多的热？

当然是 200 克的水需要加热更长时间才能烧开了。可见，在温度相同的情况下，物质所具有的热量也有可能不同。

有一天，英国科学家朗福德来到一个制造大炮的工厂里。他看到工人们正在把金属原料制造成圆圆的炮筒，这需要很大的力气，还会产生大量的热。

在给金属原料钻孔的过程中，必须不断地用水来冷却，否则产生的热就足以使金属熔化。朗福德非常吃惊，金属的热显然并不是从其他地方传递过来的，而是自己产生的。

"在制造炮筒的过程中，由于金属不断发热，必须泼水使它冷却，否则金属就会熔化。"

这些热到底是从哪儿来的呢？

由此，科学家终于认识到，热是能量的一种表现形式，其他形式的能量（如机械能）会转化为热。

加热以后气球会膨胀、水会沸腾等现象，都是热能与其他形式的能量发生相互转换的结果。

"啊！铁相互摩擦会产生热！对呀，冷的时候搓手也会发热，摩擦树枝还能生火。看来热并不是什么粒子，而是和运动有关。"

你在电影中看到过蒸汽机车吗？就是那种一边发出"轰隆轰隆"的巨响、一边喷着白色水蒸气奔跑的老式火车。最早的火车就是通过加热，使水中的分子高速运动，产生巨大的能量牵引列车前进的。

蒸汽机车的发明，距今不过 200 年。蒸汽机车是将蒸汽的热能转变为机械能的设备，这是人类在热的利用上迈出的重要一步。

其实，你也能不借助任何工具，自己制造热。寒冷的冬天，每个人都会下意识地把两只手合拢，使劲搓手，过一会儿就能感觉到掌心的热气。这就是摩擦生热。

英国科学家詹姆斯·焦耳对科学研究有着忘我的热情，甚至连新婚旅行的时候都在思考自己的研究课题。

焦耳曾测量过瀑布顶部和底部的温度差，并发现底部的温度确实略高于顶部。就像摩擦双手会发热一样，瀑布从高处落下，也会产生热。

焦耳意识到，对某种物体做功，机械能就会转化为热能。于是，他做了一个设计十分巧妙的实验，来验证热与功的关系。

掌握了热和功之间的转换关系后，人类对热的利用进入了一个新的阶段。

詹姆斯·焦耳

　　詹姆斯·焦耳于 1818 年圣诞节前一天出生在英国兰开夏郡近郊。他的父亲是一位富有的酿酒师，经营一家酿酒厂。他从小家境富裕，但把钱都用于科学实验和研究。

　　詹姆斯·焦耳认为科学实验最重要的就是精确，所以总是仔细地用数字来记录每一次实验结果。他没有接受过正规的科学教育，但却通过自学和研究，留下了不朽的业绩。

　　焦耳第一次对热发生兴趣，是他发现了电流的热效应，即电流通过导体时电能转化成热，并根据自己的实验结果发表了一篇重要的论文。

　　焦耳认为，热和物体分子的运动有关。在多次实验中，他发现了热和功之间的转换关系，并由此得出了能量守恒定律。

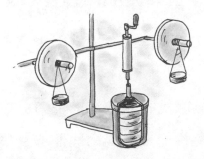

　🍅 詹姆斯·焦耳的实验装置

容器内装水，中间安装上带有叶片的转轴，让重物带动叶片旋转，由于叶片和水的磨擦，水就会变热。根据水升高的温度，就能计算出产生了多少热量。

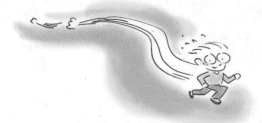

热是能量

是的，热就是如此神奇，看不见、摸不着，但却时时处处发挥着威力。摄入食物，人体就会产生热量，呼吸、走路、说话、吃饭都需要热量。

钻木取火的原始人对木头做功，所以产生了热。钻头在金属原料上钻孔制造炮筒，也是做功产生了热。反过来，热也能做功，就像前面提到的蒸汽机车一样。

热是一种能量。能量就是物质做功的能力。能量的表现形式五花八门，各种能量形式之间能够互相转换，热能也能转换为其他形式的能量。木头、煤炭、石油表面看来平凡无奇，燃烧产生热量后却具有惊人的力量。

冰融化成水、子弹从枪膛飞出，都是能量的作用。当能量以热、声音、光、运动等形式出现时，我们往往才会意识到它的存在。

能量是无形的，但它以各种形式在世界上存在，好像会"变脸"一样。我们来看看能量到底有几张"脸"吧！

如果悬崖上的一块岩石突然滚落下来，山下的人就会有危险。石头砸到人也是做功的一种形式，高高悬崖上的岩石能够做功，所以它具有能量。

高处的物体虽然什么都没做，但具有做功的能力。瀑布一旦倾泻而下，就会使底部的水温略微升高。物体由于所处的位置而具有的能量，叫做"势能"。

看到奔驰的汽车，我们能感觉到它的力量。高速行进中的大卡车如果撞到墙壁上，卡车会严重受损，墙壁多半也会倒塌。这些运动的物体很容易让我们感觉到能量的存在。

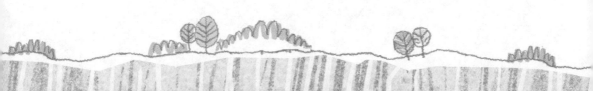

物体由于运动而具有的能量叫做"动能"。双手用力摩擦生热其实是动能"变脸"为热能的过程。

说出来你可能不信，就连食物里也有能量。一个苹果、一片面包，进入人体就会发生化学变化，放出能量。

煤炭、石油也是这样。燃烧煤炭、石油等，它们就能牵引汽车行驶，带动工厂机器转动。物体发生化学反应时所释放的能量，叫做"化学能"。

我们前面所说的热能，也是能量的一种形式。所有其他形式的能量都能转化为热能。物体从高处落下，是势能变成热能。食物在人体内消化，是化学能变成了热能。

"运动！运动！"

看到这里你可能会想：热这东西，怎么越学好像越难了？其实，我们可以简单地把热理解为物质分子的运动而具有的能量。

物质中的分子运动时，就产生了热。世界上所有的物质都是由看不见的分子构成的。分子在不停地运动着，就连冰块里的分子也在振动，热水里分子的运动就更为活跃。

今天，"热是一种能量"已经得到了普遍的认同。对热的本质有了正确的认识，我们才能科学地利用热，让它更好地为我们服务。

完

北京市版权局著作权合同登记号：01-2013-5367

图书在版编目（CIP）数据

科学超入门，3：热，探索隐藏在热里的科学奥秘 / [韩]成慧淑著；[韩]申明焕绘；陈琳，胡利强，许明月译.—北京：化学工业出版社，2014.8（2022.10重印）

ISBN 978-7-122-21110-1

Ⅰ.①科… Ⅱ.①成… ②申… ③陈… ④胡… ⑤许… Ⅲ.①科学知识-青少年读物 ②热学-青少年读物 Ⅳ.①Z228.2 ②O551-49

中国版本图书馆CIP数据核字（2014）第142225号

责任编辑：成荣霞　　　　　　　　　文字编辑：王　琳
责任校对：徐贞珍　　　　　　　　　装帧设计：王晓宇

出版发行：化学工业出版社（北京市东城区青年湖南街13号　邮政编码100011）
印　　装：天津图文方嘉印刷有限公司
710mm×1000mm　1/16　印张 7　字数 54千字
2022年10月北京第1版第10次印刷

购书咨询：010-64518888　　　　　　售后服务：010-64518899
网　　址：http://www.cip.com.cn
凡购买本书，如有缺损质量问题，本社销售中心负责调换。

定　　价：29.80元　　　　　　　　　　　版权所有　违者必究

科学充满想象，越读越快乐！

最**快乐**的科学书 第一辑

最**快乐**的科学书 第二辑

Hello.